AF555740

FAITES LE JEU

MESSIEURS!

COMÉDIE EN UN ACTE

PAR M. FRANTZ BEAUVALLET

PRIX NET : UN FRANC

PARIS

L. BATHLOT, Éditeur de musique
37, rue de l'Échiquier.

A. CORCIER, Libraire
9, faubourg du Temple.

BRUXELLES

J. BLANCHE, Éditeur, rue de Loxum, 11.

1871

CATALOGUE

DES NOUVEAUTÉS PUBLIÉES PAR LA MAISON ROYOL

L. BATHLOT, successeur, éditeur

37, rue de l'Échiquier (Paris).

Sans-Souci (le), chanson, paroles de A. Siegel, musique de Ch. Jacoutot, chantée par Calvat,

Sapeur de ma femme (le), chansonnette, paroles de E. Pierson, musique de Léon Bach, chantée par Calvat.

Sapristi, chansonnette, paroles de L. Royer, musique de A. Roosenboom, chantée par Mme Judic.

SECOND MOUVEMENT (LE), **Grand succès**, paroles de A. Isch Wall, musique de Ch. Pourny, chanté par Perrin et Arnaud.

Serment de femme (le), mélodie, paroles d'Émile André, musique d'Émile André, chantée par Marie Bosc.

SI C'ÉTAIT MOI, chansonnette, **grand succès**, paroles de Georges Lefort, musique de Georges Lefort, chantée par Mme Judic.

Siffleur d'oiseaux (le), chansonnette, paroles de E. Fondrier, musique de J. Bernet, chantée par E. Duhem.

Si j'étais petit oiseau, mélodie, paroles de M***, musique de Ch. Rosenquest, chantée par E. Duhem.

Société des Gourdins réunis (la), chansonnette, paroles d'Eugène Florent, musique de G. Munck, chantée par Arnaud.

Songez bien à cela, Mesdemoiselles, simple histoire, paroles de L. J. B. Capet, musique de J. Javelot, chantée par Mme Judic.

Sourires d'un ange (les), mélodie, paroles de A. Barbarroux, musique de F. S. Daniel, chantée par Gibaud.

Sous la tonnelle, chanson, paroles d'Alphonse Delteil, musique d'Émile Coard, chantée par Vialla.

Sous un ormeau, légende pastorale, paroles de E. Degeorges, musique de Gustave Chaillier, chantée par Chaillier.

Tambour-major de Bagnolet (le), chansonnette, paroles de E. Pierson, musique de E. Ouvier, chantée par Plessis et Durozel.

Tartine de beurre (la), chansonnette, paroles de Varin et Delaporte, musique de Robillard, chantée par Mme Judic.

T'es pas dégoûté, chansonnette, paroles d'E. à D., musique de Henri Cellot, chantée par Mme Noble

Tête félée, cascade, paroles de E. Pierson, musique de E. Lombard, chantée par Mandarine.

Timbalier (le), chanson-type, paroles de E. Pierson, musique de F. Bernicat, chantée par Satler, Mandarine et Camille.

Tondeuse (la), chanson de genre, paroles de Jean Loriat, musique de Paul Blaquière.

Toujours content, chansonnette à parlé, paroles de A. Isch Wall, musique de Raspail, chantée par Arnaud.

Tout est si cher, chansonnette à parlé, paroles de A. Isch Wall, musique de Ch. Pourny, chantée par Arnaud et Perrin.

FAITES LE JEU, MESSIEURS!

COMÉDIE EN UN ACTE

Représentée pour la première fois, à Paris,
sur le théâtre des Folies-Dramatiques, le 17 Octobre 1871.

PARIS. — EDOUARD BLOT ET FILS AINÉ, IMPRIMEURS
7, RUE BLEUE, 7.

FAITES LE JEU

MESSIEURS!

COMÉDIE EN UN ACTE

PAR M. FRANTZ BEAUVALLET

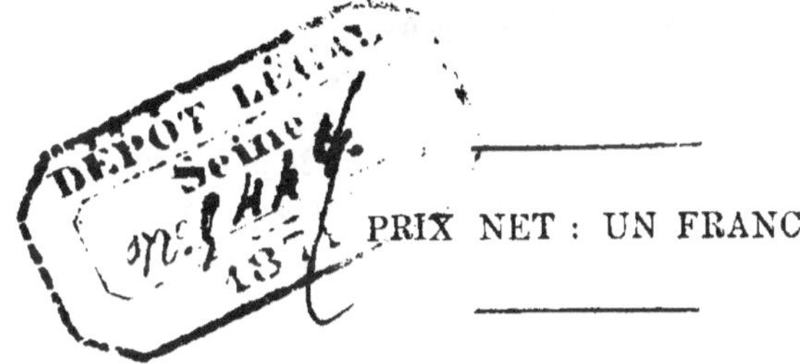

PRIX NET : UN FRANC

PARIS

L. BATHLOT, éditeur de musique
37, rue de l'Échiquier.

A. CORCIER, Libraire
9, Faubourg du Temple.

BRUXELLES

J. BLANCHE, éditeur, rue de Loxum, 11.

1871

PERSONNAGES.

LE COMTE DE FARANDOLE.	MM. MENDASTI.
COQUARDIER, aplatisseur de cornes.	SPECK.
BISCOTIN, valet du comte.	GATINAIS.
ERLISKA, femme de Coquardier.	Mme ADÈLE CUINET.

A MONACO, de nos jours.

Toutes les indications sont prises de la gauche et de la droite des spectateurs. Les personnages sont placés en tête des scènes dans l'ordre qu'ils occupent au théâtre.

FAITES LE JEU, MESSIEURS!

COMÉDIE EN UN ACTE

A Monaco. — Une chambre très-élégante à l'hôtel de Paris. — Portes latérales, porte au fond. — A gauche du spectateur, un paravent. — Près du paravent une causeuse, un guéridon à gauche ; en pan coupé une fenêtre donnant sur le Casino.

SCÈNE Ire

BISCOTIN, seul. Il est appuyé à la fenêtre grande ouverte, et regarde au dehors. Il est en livrée, bottes à revers, culotte de peau.

Faites le jeu, messieurs!... Le jeu est fait!... Rien ne va plus!... Et voilà ce qu'on entend du matin au soir à Monaco, dans ce Casino qui fait face à cet hôtel!..Oui! oui!... rien ne va plus pour M. de Farandole, mon maître... Si c'est permis de gaspiller ainsi sa fortune!... Il ne peut pas mettre le pied dans une maison de jeu sans être décavé illico!... C'est devenu un tic chez lui. (Prêtant l'oreille.) Le voici!... Déjà!... Il est ratissé de bonne heure, aujourd'hui!...

SCÈNE II

LE COMTE, BISCOTIN. Le Comte sombre, le front bas, entre par le fond et va s'asseoir sur la causeuse.

BISCOTIN, après un temps.

Encore nettoyé!...

LE COMTE.

Oui, mon pauvre Biscotin. Comme d'habitude!...

BISCOTIN.

Monsieur le comte pourra se flatter d'en avoir subi des nettoyages... Si vous continuez, vous serez forcé de vous faire conducteur d'omnibus!...

LE COMTE.

J'avais pourtant confiance dans le trois, et je pontais dessus avec acharnement... D'abord, il ne sortit pas... puis, il continua à ne pas sortir. Enfin, il sortit...

BISCOTIN.

Et vous avez gagné!... Ça n'est pas dommage!

LE COMTE.

Non!... car cette fois-là j'avais justement ponté sur le 22!...

BISCOTIN.

C'était cette fois-là qu'il fallait mettre sur le 3... Vous ne saurez jamais jouer à la roulette!...

LE COMTE.

J'y joue parfaitement, au contraire!... J'ai un système...

BISCOTIN.

Pour perdre?...

LE COMTE.

C'est possible!... mais enfin, c'est un système tout de même!...

BISCOTIN.

Combien avez-vous offert à messieurs les croupiers, cette fois-ci?...

LE COMTE, montrant une pièce de 20 francs d'un air piteux.

Voilà tout ce qui me reste!...

BISCOTIN.

Vingt francs!... Pas possible!...

LE COMTE.

Oh! pour le coup, la lessive est complète...

BISCOTIN.

Je suis furibond, monsieur!... car enfin il ne devrait pas être permis de jouer si naïvement que vous!... Vous pontez sur les numéros qui ne sortent pas!... Comme c'est malin!... au lieu de ponter sur ceux qui gagnent!...

LE COMTE.

Comment jouerais-tu donc, toi ?

BISCOTIN.

D'abord, je ne jouerais pas... parce que moi... je n'ai pas de passions!... Je me méfie autant du jeu que des femmes!... Ces deux inventions-là, voyez-vous, ça vous ratisse toujours!...

LE COMTE.

Tu es peut-être dans le vrai!

BISCOTIN.

Qu'avez-vous gagné à tous vos jeux? Une réputation de joueur... Ah! vous êtes connu à Spa, à Hombourg, à Monaco... Quand vous vous mettez à la table, les croupiers vous disent bonjour... les rateaux vous disent bonjour... tout vous dit bonjour... Total!... deux cent mille francs en trois mois!...

LE COMTE.

En voilà assez! Mes malles sont-elles arrivées, enfin?...

BISCOTIN.

Non, monsieur! Et si elles courent toujours, elles doivent être en Chine.

LE COMTE.

Et ma garde-robe est dedans!... Toutes les déveines!... toutes les déveines!...

BISCOTIN.

Il n'est arrivé que ces trois lettres qui vous suivent depuis Hombourg. (Il lui donne des lettres. Le comte les prend, les décachète et le parcourt.)

LE COMTE.

Encore cette originale qui s'est affolée de moi sur ma réputation de joueur... et désire me connaître!... Tout un stock de lettres semblables... Voilà ce que j'ai gagné!... (Il jette les lettres.)

BISCOTIN.

Croyez-moi, monsieur, renoncez à tout cela, et flanquez-moi en plan, Monaco, la roulette et ce qui s'ensuit!

LE COMTE.

Jamais!... Abandonner ainsi la partie!... non pas!... Je veux rejouer!... rattraper tout... faire sauter la banque.

BISCOTIN, haussant les épaules.

Avec vos vingt francs ?

LE COMTE, poussant un cri.

Ah ! J'ai une idée!... Si tu allais les jouer à ma place!

BISCOTIN.

Moi!... Vous plaisantez!... je n'ai jamais joué de ma vie!

LE COMTE.

Tu n'as jamais joué!... tu gagneras... C'est toujours comme ça !...

BISCOTIN.

Et puis, vous savez bien que le règlement défend aux gens en livrée de pénétrer dans votre Casino !.. Article 4 ! monsieur, article 4 !

LE COMTE.

Eh bien, je te prêterai mes habits... Et sous ce déguisement, tu iras jouer... mais si tu gagnes, tu partageras avec moi!...

BISCOTIN.

Mais, monsieur, je ne saurai jamais porter vos vêtements...

LE COMTE.

Je veux que tu les prennes! Es-tu mon domestique, oui ou non?

BISCOTIN.

Mais puisque vous n'avez ici que les habits que vous portez, une fois que vous me les aurez donnés,que diable mettrez-vous?

LE COMTE.

C'est vrai, au fait! (Après un temps.) Eh bien j'endosserai ta livrée!

BISCOTIN.

Vous, monsieur le comte!

LE COMTE.

Parbleu!... Passe derrière le paravent... Moi j'entre dans mon cabinet de toilette... Nous ferons un libre échange de nos habits! (Il entre à gauche, Biscotin se cache derrière le paravent.)

BISCOTIN, derrière le paravent lançant dans le cabinet de toilette les objets qu'il énumère.

Voila ma livrée !... mon gilet rouge !

LE COMTE, dans la coulisse.

Merci!... Attrape mon veston et mon gilet en cœur!... (Les vêtements indiqués sont lancés de la coulisse derrière le paravent.

BISCOTIN, passant sa tête à la cantonade.

Vous faut-il ma culotte de peau ?

LE COMTE.

Sans doute! attrape la mienne! (Un pantalon est lancé. Biscotin le saisit, puis il repasse de nouveau sa tête.)

BISCOTIN.

Et mes bottes? vous voulez aussi mes bottes? attendez... Je vais vous les passer. (Il sort à demi de derrière le paravent et passe ses bottes au comte qui sort à demi de la coulisse et lui passe ses bottines vernies. Biscotin disparait derrière le paravent.) Ah sapristi! ah sapristi! elles sont trop étroites pour moi!

LE COMTE, entrant en scène, vêtu de la livrée complète.

Bah! tu t'y feras!

BISCOTIN, sortant de derrière le paravent, vêtu des habits du comte.

Dieux! que vous êtes beau!

LE COMTE.

Dieux! que tu es laid!... Tu es attifé comme un chien savant! viens que je te rajuste! (Il arrange la cravate de Biscotin.)

BISCOTIN.

Monsieur, je ne souffrirai pas que...

LE COMTE.

Mets mon chapeau!

BISCOTIN.

Voilà, monsieur! (Il prend le chapeau du comte sur le guéridon et le brosse à l'envers.)

LE COMTE.

Imbécile! tu ne ne sais donc plus brosser un chapeau! (Il lui prend le chapeau des mains et le brosse lui-même.) (Éclatant de rire) : Parole d'honneur, j'ai l'air réellement du domestique!

SCÈNE III

LES MÊMES, ERLISKA. Toilette très-tapageuse. Elle paraît au fond.

ERLISKA.

Monsieur le comte de Farandole, je vous prie ?

LE COMTE.

Allons, bon ; une visite ! Et je suis en livrée !...

BISCOTIN, embarrassé.

Monsieur de...

LE COMTE, bas, vivement.

Dis que c'est toi !

BISCOTIN.

Moi, monsieur ! Mais je ne vous ai jamais ressemblé !

LE COMTE.

Obéis !...

BISCOTIN, s'avançant vers Erliska et se donnant des allures d'homme à la mode. Très-gêné.

Monsieur de Farandole... c'est moi !... De quoi s'agit-il, belle dame ?

ERLISKA.

De choses fort délicates et que je ne puis dire devant un laquais !

BISCOTIN.

Qui ça, laquais ?

ERLISKA, montrant le comte.

Veuillez donc congédier ce faquin !

LE COMTE, bas, à Biscotin.

Dis que je suis sourd-muet.

BISCOTIN.

Vous, monsieur !

LE COMTE.

Je suis sourd-muet !

BISCOTIN, haut.

Il est sourd-muet, ce qui peut lui permettre... Enfin, madame, vous comprenez... Donnez-vous donc la peine de vous asseoir.

ERLISKA.

Monsieur le comte... je suis joueuse!... La bille qui s'élance... la carte qui se retourne... la roulette qui crie... les râteaux qui grincent... les croupiers qui ratissent... les joueurs qui sont ratissés... j'aime tout cela, monsieur le comte!

BISCOTIN, essayant de rire.

Ah! vous aimez... (à part gémissant.) Dieux! que j'ai mal aux pieds!...

ERLISKA.

Comme vous êtes joueur, et beau joueur, vous m'avez captivée, fascinée!

BISCOTIN.

Moi!...

ERLISKA.

Vous m'avez fascinée, sans me voir et sans que je vous visse... Je m'épris de vous sur votre réputation dè joueur enragé... Alors je vous ai écrit des lettres brûlantes, où je sollicitais quelques instants d'entretien de ce gentilhomme qui ne pontait jamais moins de vingt-cinq louis à la fois.

BISCOTIN.

Oui, chez moi, c'est une habitude... Vingt-cinq louis à la fois, pas un fifrelin de moins!... (A part.) Oh! mes pieds!.. mes pauvres pieds!

ERLISKA.

On est gentleman ou on ne l'est pas!

BISCOTIN.

On est gentleman ou on ne l'est pas... (Bas, au comte.) Monsieur, tendez-moi la perche!

LE COMTE.

Va donc!... C'est la dame aux lettres!...

ERLISKA, à Biscotin.

J'ai fait toutes les villes de jeu où vous venez de passer la saison; mais, par je ne sais quelle fatalité, chaque fois que je mettais le pied dans l'une de ces villes, vous veniez de la quitter pour une autre.

BISCOTIN.

C'est étonnant!

ERLISKA.

Mais je vous trouve enfin!... Je puis donc contempler cet homme qui est l'idéal, l'incarnation, le prototype du joueur!...

BISCOTIN, à part.

Dieux! que j'ai mal aux pieds!...

ERLISKA.

J'ai tout quitté pour vous, monsieur le comte... un époux excellent... très-riche... que je connaissais depuis fort longtemps...

BISCOTIN.

Qui ça, votre mari?...

ERLISKA.

Oh! nous étions très-liés!... Je l'ai laissé en plan à Spa, dans la maison de jeu, au vestiaire, pour courir sur vos traces!

BISCOTIN.

Votre mari au vestiaire!... Vous a-t-on donné un numéro?

ERLISKA, prêtant l'oreille.

Mais ces murmures... C'est la foule qui se presse aux alentours du Cercle des étrangers!.... Les râteaux s'agitent! Les croupiers chantent leur refrain : « Faites le jeu! » Voulez-vous me permettre de vous suivre au Casino, monsieur le comte?

BISCOTIN.

Comment donc, m'ame la comtesse!... (Se reprenant.) m'ame la marquise!...

ERLISKA, à part.

Comme il parle drôlement!

BISCOTIN, bas, au comte.

Débarrassez-moi d'elle, elle m'embête! Et puis j'ai les pieds dans un état!...

LE COMTE, bas.

Conduis-la au Casino.

BISCOTIN.

Où sont mes guides?

LE COMTE, brandissant le stick qu'il tient.

Je veux que tu la conduises!...

ERLISKA.

Tiens!... le sourd-muet qui cause!. .

LE COMTE.

Encore une fois, veux-tu m'obéir?

ERLISKA, à Biscotin.

Votre groom qui vous tutoie!...

BISCOTIN.

Oui, c'était le groom de ma mère!... Allons, venez au jeu, belle dame! venez me voir jouer, puisqu'il paraît que je joue si bien... (Avec fureur.) Ah! sacrebleu! que j'ai donc mal aux pieds! (Il sort avec Erliska.)

SCÈNE IV

LE COMTE, seul, puis COQUARDIER.

LE COMTE.

Ma foi, je préfère laisser cette originale sur les bras de mon domestique, que de la garder sur les miens... S'il allait avoir un peu de veine, ce cher Biscotin; si, à l'aide de mes vingt francs, il allait me refaire!

(La porte du fond s'ouvre. Paraît Coquardier, vieux gandin, l'air navré, les yeux rouges, chargé de bagages.)

COQUARDIER, d'un air lamentable.

Monsieur le comte de Farandole, S. V. P.?

LE COMTE.

Encore une visite! C'est un employé du chemin de fer! Enfin ce sont mes malles! (à Coquardier) le comte de Farandole, c'est ici, mon brave homme.. Venez que je vous aide.

COQUARDIER.

Vous me rendrez service, car je n'en puis plus! (Le comte l'aide se débarrasser.)

LE COMTE.

Vous y avez mis le temps à m'apporter mes malles.

COQUARDIER.

Qui ça, moi ?

LE COMTE.

Vous êtes employé du chemin de fer ?

COQUARDIER.

Jamais de la vie! Je suis Onésime Coquardier... aplatisseur de cornes.

LE COMTE

Aplatisseur de cornes!

COQUARDIER.

C'est bien simple! Vous êtes bête à cornes, pas vrai! On vous abat... on vous dépèce... puis, on m'envoie vos cornes... je les aplatis... et voilà pourquoi je suis aplatisseur de cornes!

LE COMTE.

Puisque vous n'êtes pas employé du chemin de fer, que diable venez-vous faire ici avec vos colis ?

COQUARDIER.

D'abord, mon ami, donne-moi une chaise! ... Un coussin à présent! ...

LE COMTE, à part.

Il me prend pour un vrai groom!

COQUARDIER assis.

Je suis bien malheureux. Vois-tu!.. (Il sanglote.)

LE COMTE.

Pleurez donc pas comme ça!

COQUARDIER.

Tu as l'air bon, Joseph. Assieds-toi là, que je te raconte mon histoire!

LE COMTE.

Ah! non, par exemple!

COQUARDIER, le forçant à s'asseoir.

Je voyageais...Un jour, à Spa, à la roulette, je me trouve derrière une grosse brune qui jouait sa petite pièce de quarante sous tristement, langoureusement, comme une femme qui se dit : « Est-ce ennuyeux de ne pouvoir jouer que quarante sous !.. »

LE COMTE.

Après?

COQUARDIER.

Elle perdait tout le temps, la brune.

LE COMTE.

Pauvre fille!

COQUARDIER.

Et elle injuriait les croupiers!

LE COMTE.

Naturellement !

COQUARDIER.

Si bien qu'on allait la cueillir et la jeter dehors.

LE COMTE.

Selon la règle!

COQUARDIER.

Je m'interpose, elle me remercie et me dit : « Puisque vous êtes si bon, vous allez me prêter de quoi jouer! » Je suis bon... je lui prête...

LE COMTE.

A rire!

COQUARDIER.

Faites vos jeux! Le jeu est fait! Elle ponte... elle ponte... et elle perd... c'était un plaisir!... Je lui reprête... elle reponte... elle reperd. Ça me coûte à peu près deux billets de mille... Le jeu était fait! nous étions liés pour la vie! Un mois après, j'épousais la grosse brune!... Oui, mon bon Joseph, je l'épousais!

LE COMTE, à part.

Ah, ça ! est-ce qu'il va me la faire longtemps au groom ?

COQUARDIER.

A peine mariés, voilà qu'elle me fait aller à Hombourg, puis à Bade... enfin elle me fait aller tout le temps!

LE COMTE.

Et elle fait bien! Continuez donc !

COQUARDIER.

Assieds-toi ! Je m'accommodais de cette petite vie-là... lorsqu'un jour... c'était à Spa... nous étions revenus à Spa... Voilà qu'on se met à parler de l'arrivée d'un joueur fameux, d'un joueur étonnant !.. Le soir, nous allons à la maison de jeu... ma femme me fait entrer au vestiaire, me dit : « Attendez-moi là ! » et elle ne reparaît plus!

LE COMTE.

Pourquoi n'avez-vous pas continué à l'attendre ?

COQUARDIER.

Impossible ! j'étais jaloux !... La nuit même, Joseph, elle quitta Spa... dans le même train qui emportait le fameux joueur !

LE COMTE.

Pauvre Coquardier !

COQUARDIER.

Depuis cette nuit néfaste, je me repromène dans toutes les villes de jeu, seul avec... mes bagages (se levant), car j'aime Erliska... et tu me comprends, mon ami ! je l'aime autant que je hais celui qui me l'a escamotée !

LE COMTE.

Comment s'appelle-t-il votre fameux joueur ?

COQUARDIER.

C'est le comte de Farandole. C'est ton maître !

LE COMTE.

Mon maître ! Permettez...

COQUARDIER.

J'ai appris qu'il était à Monaco, qu'il habitait l'hôtel de Paris et je viens céans pour le tuer !

LE COMTE.

Le tuer! tuer mon maître !... Moi, son domestique, je ne permettrai pas... (Tout en parlant, il a pris un plumeau, il époussette et range les meubles.)

COQUARDIER, quittant la chaise que le comte bouscule.

Je le tuerai... car je suis trop malheureux !... La mort seule me donnera le bonheur !

LE COMTE.

Ce n'est pas de sa faute si votre femme s'est amourachée de lui !

COQUARDIER.

S'il n'avait pas existé, ma femme ne m'aurait pas abandonné dans un vestiaire, côté des parapluies ! C'est donc sa faute, et je le tuerai. Où est-il ?

LE COMTE.

Tout en haut, tout en haut de la montagne ! Il y reste des mois entiers.

COQUARDIER.

Je vais l'attendre. (Par réflexion.) Non, je reviendrai. Vois-tu, j'ai des armes plein ces sacs de nuit ! Il y a des pistolets, des couteaux de chasse, des casse-tête.

LE COMTE, riant.

Des casse-tête de précision ?

COQUARDIER, lui tendant la main.

Au revoir, mon bon Joseph ! au revoir, tu me comprends, toi, n'est-ce pas ?

LE COMTE.

Comment donc ? Je ne fais que ça !

COQUARDIER.

Ah ! je suis bien malheureux, va ! je suis bien malheureux. Heureusement que je tuerai Farandole ! ça me fera une petite distraction. (Il sort, puis revenant.) Joseph.. je le tuerai. (Il disparaît.)

SCÈNE V

LE COMTE, seul.

LE COMTE.

L'heureuse idée que j'ai eue de revêtir cette livrée ! s'il ne m'avait pas pris pour mon domestique, j'y passais ! Ces fous-là sont capables de tout !... Mais, j'y pense, et ce pauvre Biscotin. Si l'autre l'entend s'intituler Farandole.. et s'il le voit avec la grosse brune... Il faut le tirer de là ! Ah ! le voici !

SCÈNE VI

LE COMTE, BISCOTIN.

Biscotin paraît grave, majestueux, l'air impudent, le monocle à l'œil et faisant cingler son stick.

LE COMTE.

Tu arrives à temps! Figure-toi, mon pauvre Biscotin...

BISCOTIN.

Pardon, pourquoi «tu», je vous prie? Cette familiarité, mon cher, était tout au plus admissible lorsque je portais votre livrée.

LE COMTE.

Que signifie?

BISCOTIN.

A présent, les temps et les habits sont changés.

LE COMTE.

Oui, mais les habits sont à moi.

BISCOTIN.

Je ne sais si les habits sont à vous... ce qu'il y a de certain, c'est que je les porte! Et je vous en prie, Ernest, ne me tutoyez plus!

LE COMTE.

Tu as donc gagné?

BISCOTIN.

Vous, si ça t'est égal! Eh bien! oui, mon cher, j'ai gagné des sommes folles sur le vingt-huit. (Avec orgueil.) Je jouais sur le vingt-huit, moi! Il n'y a qu'une chose, savoir jouer!... Je sais jouer, je gagne!

LE COMTE, à part.

Cette arrogance, à présent! C'est trop fort! (Haut.) Monsieur Biscotin, rendez-moi mon stick, que je vous le casse sur les reins!

BISCOTIN.

Pas de colère, ou je ne ferai rien pour vous !... tandis que si vous êtes gentil...

LE COMTE.

C'est un chef-d'œuvre !

BISCOTIN.

Voyons, vous êtes à sec, n'est-ce pas? Vous n'avez pas même de quoi prendre le train pour vous en retourner à Paris !

LE COMTE.

Pas même de quoi m'offrir une troisième classe !

BISCOTIN.

Veux-tu être mon domestique, monsieur le comte?

LE COMTE.

Ton domestique!... (A part.) Attends, faquin ! je te ferai payer cher ton impudence !

BISCOTIN.

Ça va-t-il? Tu seras nourri, blanchi et logé...

LE COMTE.

J'accepte, monsieur Biscotin... Allons, c'est dit. Vous restez le comte de Farandole, et le comte de Farandole devient votre groom !

SCÈNE VII

LES MÊMES, ERLISKA.

ERLISKA, à Biscotin.

Comte, me suis-je fait attendre?

BISCOTIN.

Les femmes comme vous se font toujours attendre?... (Au comte.) Germain! (Bas au comte.) Je vous appellerai Germain ! (Riant.) Germain, débarrassez madame!

LE COMTE.

A l'instant! (Il va aider Erliska à se débarrasser.)

BISCOTIN.

A présent, faites-nous préparer une petite collation, et apportez des flambeaux, car voici le jour qui baisse.

LE COMTE.

Monsieur le comte va être servi à l'instant même! (Il sort.)

SCÈNE VIII

BISCOTIN, ERLISKA, puis LE COMTE.

ERLISKA, avec enthousiasme.

Fûtes-vous beau à la roulette, tout à l'heure?

BISCOTIN.

Oui, je fûtes assez beau!...

ERLISKA.

A ce point, que s'il n'y avait pas eu tant de monde, je vous eusse crié : Farandole, tu es beau!

BISCOTIN.

J'entends assez bien la roulette! Il y avait longtemps que j'étudiais ce système-là... Excellent, du reste! Vingt-cinq mille francs de gain en une heure! C'est convenable!

ERLISKA.

Je vous ai peut-être semblé un peu légère, en acceptant sur-le-champ cette collation.

BISCOTIN.

Laissez donc! dans une ville de jeu!

ERLISKA.

Et puis... vous m'avez enchaînée...

BISCOTIN.

Moi... vous m'avez pincé, quoi!...

Le Comte entre, chargé d'un plateau couvert de mets, portant un panier de vin, un tablier devant lui et une serviette sous le bras.

(Il dispose tout sur le guéridon.)

LE COMTE, qui a mis le couvert.

Monsieur est servi!... Si monsieur a besoin de moi... il n'aura qu'à m'appeler!... (Il sort en étouffant un éclat de rire.)

ERLISKA.

L'adorable collation!

BISCOTIN, à part.

Du diable si je pensais que je deviendrais un joueur et un viveur... (Haut, versant.) Un peu de ce flot d'or, pour commencer! (Ils s'attablent.)

ERLISKA.

Alors, comte, l'amour que j'ai déposé à vos pieds, le sacrifice que je vous offre... tout cela vous touche!

BISCOTIN.

Si ça me touche! Mais! L'amour, c'est la roulette.. Au lieu de numéros, il y a des cœurs... Vous jouez sur l'un ou sur l'autre cœur...Vous jouez votre vie, vos illusions, vos cheveux...c'est le maximum. Si le numéro... non! si le cœur sort... on vous paye le double de votre mise... Faire sauter la banque, c'est gagner tous les cœurs...

ERLISKA, à part.

Il est un peu diffus! C'est la fièvre du jeu!

BISCOTIN.

Je vais ponter sur... vos épaules! (Il se lève et veut embrasser Erliska.)

ERLISKA.

Les jeux sont faits, monsieur! Rien ne va plus!

BISCOTIN.

Ça m'est égal! (l'embrassant avec furie.) J'ai fait sauter la banque!

LE COMTE entrant, et donnant une carte.

Monsieur, c'est quelqu'un qui vous demande.

BISCOTIN.

Veux-tu t'en aller! Je n'aime pas qu'on me trouble quand je suis au jeu.

LE COMTE.

Cette personne est très-pressée... voici sa carte.

BISCOTIN, lisant la carte.

« Onésime Coquardier, aplatisseur de cornes ! »

ERLISKA, poussant un cri.

Ah ! mon Dieu!

BISCOTIN.

Eh bien, quoi?

ERLISKA.

C'est lui!

BISCOTIN.

Qui ça?

ERLISKA.

Mon mari!

BISCOTIN.

Je ne le connais pas, moi! Je n'ai pas de cornes à aplatir!

LA VOIX DE COQUARDIER.

Eh bien, voyons, va-t-on me faire poser longtemps!

LE COMTE.

Il s'impatiente! Méfiez-vous, il a l'air enragé!

ERLISKA.

Cachez-moi! cachez-moi!

LE COMTE.

Cachez-la donc, monsieur! Voulez-vous la faire assassiner sous vos yeux?

ERLISKA.

Oui, répondez; voulez-vous me faire assassiner sous vos yeux?...

BISCOTIN, ahuri.

Mais je ne veux rien du tout, moi!

LE COMTE.

En ce cas, cachez-la!

BISCOTIN, poussant Erliska vers la droite.

Eh bien! entrez là! (La poussant vers la gauche.) Non! ici!... Ah! non!... dans ce placard! ça vaudra mieux!.. (Il a ouvert le placard, fait entrer Erliska dedans et le referme.) Ouf!

LE COMTE, à la cantonade.

Entrez, monsieur! (Coquardier entre très-agité. A part.) Ah! Biscotin, nous allons rire! (Il sort.)

SCÈNE IX

BISCOTIN, COQUARDIER.

COQUARDIER.

Monsieur, je ne vous connais pas; je vous vois aujourd'hui pour la première fois, mais ça me suffit pour trouver que vous êtes très-laid.

BISCOTIN.

C'est possible; mais enfin...

COQUARDIER.

Je suis venu tantôt pour causer avec vous. Votre groom, qui est un très-bon garçon et que j'aime beaucoup, votre groom m'a répondu que vous étiez sorti! J'ai dit : Je reviendrai!... et je suis revenu!

BISCOTIN.

Qu'est-ce que vous voulez que je fasse à tout ça?

COQUARDIER.

Vous avez tué mon bonheur, comprenez-vous?

BISCOTIN.

Je ne vous ai rien tué du tout!

COQUARDIER.

J'aimais, j'adorais une femme... de toute la force de mes cinquante ans... Pour vous, monsieur, cette femme m'a lâchement abandonné dans un vestiaire... côté des parapluies!

BISCOTIN.

Pour moi!...

COQUARDIER.

Je sais qu'elle est dans cette ville; qu'elle est parvenue à faire votre connaissance... Je sais bien d'autres choses encore...

BISCOTIN.

Mais quoi ? quoi ?... Il me rend fou !...

COQUARDIER.

Qu'elle a lunché avec vous peut-être... Oui !... ces débris de souper me l'attestent... Erliska est venue chez toi... D'abord, ça sent la verveine !... Et Erliska se mettait de la verveine !..

BISCOTIN.

Je ne comprends pas un mot à ce que vous dites !... Il faut que j'aille au Casino... Venez faire une partie avec moi !... Je vous donnerai une marche !

COQUARDIER.

Oui! marchons... Au bord de la mer, nous aurons des témoins et des armes toutes neuves !...

BISCOTIN.

Je ne veux pas me battre !... Il faut que j'aille jouer ! Repassez un autre jour!...

COQUARDIER.

Je vais faire quelque chose pour toi!... Je te laisse le choix des armes ; que préfères-tu : le pistolet, le sabre, la massue?

BISCOTIN.

Je préfère que vous me fichiez la paix !...

COQUARDIER.

Monsieur le comte de Farandole, ne me forcez pas à avoir recours aux voies de fait !

BISCOTIN.

Eh bien, c'est entendu. . à une heure du matin... A mon retour du Casino... où vous voudrez, avec les armes qui vous feront plaisir!... Mais laissez-moi le temps de doubler mes vingt mille francs !...

COQUARDIER.

C'est bien ! au revoir!... Je vais chercher mes témoins, puis je reviens vous quérir !... A une heure ! (Il sort. Le comte reparaît.)

SCÈNE X

BISCOTIN, LE COMTE.

LE COMTE.

Monsieur va se battre?...

BISCOTIN.

Oui!...

LE COMTE.

Vous avez raison de ne pas reculer, car si dans une position comme la vôtre vous vous avisiez de reculer...

BISCOTIN.

Vous croyez que ça me nuirait?

LE COMTE.

On ne vous recevrait plus au jeu!... Et puis ce duel vous posera!

BISCOTIN.

Ce duel me posera... vous en êtes sûr? (Cris dans le placard.) Qu'est-ce ceci?

LE COMTE.

C'est votre conquête qui étouffe dans le placard! Faut-il ouvrir?

BISCOTIN.

Sans doute! (Le Comte ouvre le plaçard et en sort Erliska, qui a une attaque de nerfs.)

SCÈNE XI

LES MÊMES, ERLISKA.

ERLISKA, criant et se débattant.

Un duel entre vous deux!... c'est horrible! c'est affreux!

BISCOTIN.

Calmez-vous, Erliska!

ERLISKA, lui sautant au cou.

Vous êtes brave! comte!... Vous êtes un vrai gentilhomme!

BISCOTIN.

Ça, c'est entendu!

ERLISKA.

Cela m'épouvante que votre adversaire soit mon mari, mais n'importe! Je n'ose vous retenir... Prenez votre épée, ô mon vaillant chevalier... et entrez en lice!

BISCOTIN.

J'y entrerai! parbleu!... Quand on a une position comme la mienne, quand on est gentilhomme!

ERLISKA, se pâmant de nouveau.

Ah!... (Elle tombe dans les bras du comte qui la repasse à Biscotin.)

BISCOTIN.

En v'là une qui s'évanouit tout de même!

LE COMTE.

Secourez-la donc!

BISCOTIN, qui a regardé sa montre.

Ah! sacrebleu! Dix heures un quart, et le Casino ferme à onze heures et demie!

LE COMTE.

Qu'est-ce que ça vous fait?

BISCOTIN.

Comment, qu'est-ce que ça me fait? Il est bon, lui? Eh bien, et jouer!... je suis joueur, à présent! J'ai trouvé une martingale!... Bonsoir! (Il veut se sauver, le comte le retient.)

LE COMTE, qui a toujours Erliska dans ses bras.

Mais, la femme de l'aplatisseur!

BISCOTIN.

Tape-lui dans les mains! (Il veut encore se sauver. Même jeu que précédemment.)

LE COMTE.

Mais l'aplatisseur lui-même !

BISCOTIN.

Le duel est pour une heure du matin! Je serai revenu !.. Roulette! sois-moi propice! (il disparaît.)

SCÈNE XII

LE COMTE, ERLISKA.

ERLISKA, se relevant brusquement, furieuse.

Comment! je suis en train de me mourir et il me laisse en plan pour aller jouer !...

LE COMTE.

Tous les joueurs sont ainsi !...

ERLISKA.

Cependant, lorsqu'une femme se sacrifie, trompe son mari, trépigne tous ses devoirs... car je les trépigne... mon garçon !..

LE COMTE.

Madame, le comte de Farandole est un petit rien du tout, qui ne peut vous aimer et ne vous aimera jamais. Les gens du monde sont tous ainsi!... Volages et trompeurs ! Tel est Biscotin... (Se reprenant.) tel est Farandole... Et croyez-moi, renoncez à lui, et rangez-vous des voitures; rangez-vous !

ERLISKA.

Plaît-il? Ce laquais qui se permet de me faire de la morale !...

LE COMTE.

Ce laquais a une grande affection pour votre mari!... C'est un brave homme que votre mari! c'est un bon aplatisseur, et quand on a un mari aussi bon aplatisseur que lui, on ne vient pas jouer à la roulette avec un Bis... avec un Farandole.

ERLISKA.

Savez-vous que vous m'agacez!... savez-vous?...

LE COMTE.

Retournez dans votre ménage occupez-vous de la cuisine, de la blanchisseuse...

ERLISKA.

Si votre maître était là, je vous ferais chasser!

LE COMTE, changeant de ton.

Ah! en voilà assez, à la fin!... Le seul maître ici, c'est moi... Le valet, c'est celui qui est en train de faire son jeu en face. Nous avons changé d'habits, voilà tout.. Celui avec qui vous avez soupé, c'est Biscotin, c'est mon groom...

ERLISKA.

Lui! un groom!

LE COMTE.

Celui qui vous parle, c'est Farandole! Je suis celui à qui vous avez écrit vos épîtres enflammées!... (Tirant des lettres de sa poche.) La preuve, c'est que les voilà... c'est que je vous les rends en vous conseillant de vous remettre avec votre aplatisseur!

ERLISKA, prenant les lettres.

Allons donc! ces lettres, vous les avez volées à votre maître!... Vous n'êtes pas Farandole!...

COQUARDIER, paraissant.

Me voici! les témoins sont en bas.

SCÈNE XIII

LES MÊMES, COQUARDIER.

ERLISKA.

Mon mari! je suis perdue!

COQUARDIER.

Madame Coquardier... (Il va s'élancer sur elle, puis se ravisant.) Non, je ne vous tuerai qu'après avoir tué l'autre!.. (Au comte.) Où est ton maître, mon ami?

LE COMTE.

Devant vous!

COQUARDIER.

Où donc ça?

LE COMTE.

Ici... moi-même!...

COQUARDIER.

Ne plaisante pas, mon petit Joseph... j'ai beaucoup d'affection pour toi; mais ne plaisante pas, je t'en prie!

LE COMTE.

Je vous dis que celui que vous avez pris jusqu'à présent pour Farandole, c'est mon domestique!... Que Farandole celui que vous voulez tuer, c'est moi-même

COQUARDIER, enthousiasmé.

Eh bien! voilà du dévouement!... Que la fidélité de ce laquais vous serve d'exemple! Il s'expose pour sauver son maître! Il offre sa poitrine à mes coups pour préserver la poitrine de son maître!... C'est beau cela, madame!

ERLISKA.

Oui, monsieur!

COQUARDIER.

C'est grand!

ERLISKA.

Oui, monsieur!

LE COMTE, criant.

C'est idiot!

COQUARDIER, avec chaleur.

Oui, c'est idiot!... Dans mes bras, Joseph, viens que je t'embrasse!... (Il le saisit dans ses bras et l'embrasse.) Tu es le modèle des grooms! Tu es grand... tu es magnanime... tu es...

LE COMTE, criant.

Je suis Farandole! Il est fou, ma parole d'honneur!... (Le criblant de bourrades.) M'entends-tu? je suis le comte... l'autre est mon domestique!

COQUARDIER, se garant à grand'peine.

Quel dévouement!

LE COMTE, le renversant sur la causeuse.

M'as-tu compris, enfin ?

COQUARDIER.

Quel dévouement !

ERLISKA, serrant les mains du comte. Bas.

Vous avez voulu sauver le comte; c'est bien, voici cinq francs !

LE COMTE.

Cinq francs! Elle est trop forte! (Il remonte.) Ah! voici Biscotin !

SCÈNE XIV

LES MÊMES, BISCOTIN.

BISCOTIN, pâle, défait, d'une voix étranglée.

Au secours!... De l'éther, de la fleur d'oranger!...

ERLISKA.

Qu'y a-t-il donc ?

BISCOTIN.

Protégez-moi contre eux; ils veulent me tuer!

LE COMTE et COQUARDIER.

Revenez à vous !

BISCOTIN, les regardant d'un air hébété.

Qui êtes-vous? des croupiers... des banquiers... des ogres du Casino !... Que me voulez-vous encore ?

ERLISKA.

Mon Dieu !

LE COMTE.

Il est fou ! complètement !

BISCOTIN, *se mettant à danser*

A la Monaco,
L'on chasse
Et l'on déchasse...

TOUS QUATRE, *ensemble.*

A la Monaco,
Etc.

COQUARDIER, *parle. Furieux.*

A la fin, qu'avez-vous donc?

BISCOTIN, *avec un grand cri.*

Ce que j'ai! (*Tous se reculent. Changeant de ton.*) J'ai que je n'ai plus rien. (*s'animant.*) Ratissé! complétement ratissé!... Les vampires, avec leurs grands diables de rateaux... Méfiez-vous des gens qui ont des rateaux!

LE COMTE, *riant.*

Bon! bien! Il a tout reperdu!

BISCOTIN.

Oui, oui! Alors, vous comprenez, je les ai tous traités de voleurs, de grecs! Comme je faisais trop de tapage, les employés du Casino m'ont cueilli sur ma chaise et déposé à la porte avec tous les égards dus à mes vingt mille francs. (*Il tombe accablé sur la causeuse.*)

COQUARDIER.

Vous avez été ratissé, je vous plains. Mais ça n'empêche pas que les témoins sont en bas... Venez que je vous tue... mais auparavant, permettez-moi de vous féliciter... Vous avez un groom comme on en voit peu...

BISCOTIN.

Comment! vous voulez encore vous battre avec moi! Mais je ne veux plus me battre, moi!

COQUARDIER.

Ma femme était chez vous, monsieur le comte... plus que jamais ce duel doit avoir lieu!

BISCOTIN, *courant à Farandole.*

Ah! monsieur! monsieur! dites-lui que ce n'est pas moi Farandole; que Farandole, c'est vous!

LE COMTE.

Je le crie depuis une heure, et on ne veut pas me croire!

BISCOTIN.

Mais regardez-moi donc! Est-ce que j'ai l'air d'un comte? Est-ce que j'ai l'air d'un homme du monde, moi?... Voyons, suis-je assez commun, dites?... Suis-je assez commun?

COQUARDIER.

Allons donc! vous êtes très-distingué!

BISCOTIN.

C'est mon costume qui vous fait croire ça! (*Au comte. Joignant les mains.*) Monsieur, monsieur, je vous en prie!... Reprenez votre veston, votre gilet en cœur, votre stick, votre monocle... et rendez-moi ma livrée; rendez-moi mes bottes!...

LE COMTE.

Biscotin, mon ami, il y a un moyen bien simple de leur prouver qui nous sommes tous les deux... Nos photographies! nous n'y avions pas pensé!

BISCOTIN.

C'est vrai, nos photographies!

COQUARDIER.

Vos photographies?

BISCOTIN.

(*Le comte lui donne un portrait-carte qu'il a pris dans la livrée.*) Tenez, me voici en groom! Vous voyez bien que cette livrée m'appartient, puisque je me suis fait photographier avec!... (*Tirant un autre portrait-carte du veston.*) Et celle-ci, c'est celle de mon maître... de mon cher maître... vêtu des habits qu'il porte aujourd'hui! Qu'en dites-vous?...

COQUARDIER.

Allons! je m'incline... je crois que c'est vous Farandole. Monsieur, je le regrette... mais je le crois.

LE COMTE.

Vous savez que si vous tenez absolument à vous battre, j'accepte le duel!

COQUARDIER.

Me battre avec vous! Allons donc! Vous m'êtes trop sympathique! (Lui serrant la main.) Ce bon Joseph !... Non, je veux dire, ce cher comte !...

ERLISKA.

Onésime, quant à ma folle passion pour la roulette... quant à mes escapades... oubliez tout et faites votre jeu comme par le passé.

COQUARDIER.

Je verrai. (Au comte.) Nous déjeunerons demain ensemble, pas vrai?

LE COMTE.

Avec plaisir!

BISCOTIN.

Et c'est moi qui vous servirai, dans mon vrai costume!... Car, décidément, quand on est domestique, il ne faut jamais regarder plus haut que sa livrée!

FIN.

CATALOGUE

DES NOUVEAUTÉS PUBLIÉS PAR LA MAISON ROYOL

L. BATHLOT, successeur, éditeur

37, rue de l'Échiquier (Paris).

La maison se charge de fournir à des prix modérés toutes les orchestrations faites par les auteurs eux-mêmes.

Piano marqué 3 fr., net 1 fr.; ceux marqués 2 fr. 50 c., net 85 c. et les petits formats net 40 centimes.

BOUQUET DE MARIAGE.

ALBUM DE DIX CHANSONS POUR NOCES; PAROLES DE MAURICE BADUEL, MUSIQUE DE LAGARD.

N° 1. **Chanson du Marié.** — N° 2. **Chanson de la Mariée.** — N° 3. **Chanson du Père.** — N° 4. **Chanson de la Mère.** — N° 5. **Chanson du Garçon d'honneur.** — N° 6. **Chanson de la Demoiselle d'honneur.** — N° 7. **Chanson du Cousin.** — N° 8. **Chanson de la Cousine.** — N° 9. **Chanson du Témoin.** — N° 10. **Chanson d'un Invité.**

Chaque chanson séparée, net 0,40 cent.; en recueil, les 10, net 2 francs.

OPÉRETTES.

Partitions au piano in-8°.

Amour et son carquois (l'), opérette en 2 actes, de Charles Lecocq.

Bien d'autrui (le), opéra-comique en 1 acte, de Samuel David, à 3 personnages, 2 hommes, 1 femme.

BOITE DE PANDORE (la), opéra bouffe en 3 actes, Henry LITOLFF.

Canne d'un grand Homme (la), vaudeville mêlé de couplets, de Deshorties, à 4 personnages, 2 hommes et 2 femmes.

Chicardet Bébé, opérette en 1 acte, de Ch. Rosenquest, à 2 personnages, 1 homme et 1 femme.

Deux Portières pour un cordon, opérette en 1 acte de Hervé Lecocq et Legouix, à 3 personnages, 3 hommes.

Femme tombée du ciel (une), opérette en 1 acte, de Léon Roques, à 2 personnages, 1 homme et une femme.

Grand Papa de la Chanson (le), opérette de Georges Lefort. à 2 personnages, 1 homme et 1 une femme.

Hirondelles de la rue (les), duo bouffe en 1 acte, de A. de Villebichot, à 2 personnages, 2 femmes, ou 1 homme et 1 femme.

Leçon de musique (la), opérette en 1 acte, de L. C. Désormes, à 2 personnages, 1 homme et 1 femme.

Nuit du 15 octobre (la), opérette en 1 acte, de Georges Jacobi, à 4 personnages, 3 hommes et 1 femme.

Rajah de Mysore (le), opérette en 1 acte, de Charles Lecocq.

Saint-Yvon (la), opérette en 1 acte, de Claments, à 3 personnages, 2 hommes et 1 femme.

Simone et Boquillon, opérette en 1 acte, de E. Ouvier, à 3 personnages, 2 hommes et 1 femme.

Souhaits ridicules (les), opérette en 1 acte, de Claments, à 3 personnages, 2 hommes et 1 femme.

Tu l'as voulu, opérette en 1 acte, de Samuel David, à 4 personnages, 3 hommes et une femme.

Un Amour d'épicier, opérette en 1 acte, de Jules Javelot, à 3 personnages, 2 hommes et 1 femme.

Un Souper chez mademoiselle Contat, opérette en 1 acte, de F. Barbier, à 2 personnages, 2 femmes.

Une Étoile d'antichambre, opérette en 1 acte, de Claments, à 3 personnages, 2 hommes et 1 femme.

Vénus infidèle (la), opérette en 1 acte, de Léon Roques, à 3 personnages, 2 femmes et 1 homme.

V'là l' plaisir, mesdames, opérette en 1 acte, de Georges Jacobi, à 2 personnages, 2 hommes.

Voiture à vendre, opérette en 1 acte, de Ch. Hubans, à 2 personnages, 2 hommes.

La Boîte de Pandore, de Henry Litolff, partition piano seul, Prix net, 10 fr.

MUSIQUE DE PIANO ET POUR ORCHESTRE.

Vieille Chanson, de Robert Planquette, pour piano seul, 5 fr.

La Boîte de Pandore, de Henry Litolff, pour piano seul, par Robert Planquette, en 2 suites; chaque 6 fr.

VALSES.

Boîte de Pandore (la) valse entr'acte, par Henry Litolff. Piano, 6 fr., à 4 m. 7 fr. 50 c.

Boîte de Pandore, sur les motifs de Henry Litolff, par O. Métra. 6 fr.; orchestre, net 1 fr. 50 c.

Pour elle, grande valse, de F. Chassaigne. Piano P. M. 7 fr. 50 c.; orchestre, net 2 fr.

POLKAS.

La Boîte de Pandore, de Henry Litolff, par Léon Dufils, 4 fr. Orchestre, net 1 fr.

Le Drapeau, par L. Mayeur. Piano P. M. 5 fr.

Adèle, par Ch. Rosenquest. Piano P. M. 5 fr.

Le Petit Bordeaux, par Marx. Piano P. M. 3 fr. Orchestre, net 1 fr.

Rosalie-polka, par A. Lindheim. Piano P. M. 3 fr.

MAZURKAS.

La Boîte de Pandore, de Henry Litolff, par Léon Dufils. Orchestre, net 1 fr.

Rajah de Mysore (le), par Ch. Lecocq, piano 5 fr.; pour orchestre, net 1 fr.

Souvenir, par J. de Leeuw, piano, 5 fr.

Violetta, polka-mazurka, par J. de Leeuw, piano, 5 fr.

GALOP.

La Boîte de Pandore, grand galop du Vote, de Henry LITOLFF, 6 fr.

QUADRILLES.

Amour et son carquois (l'), opérette de Ch. LECOCQ, par A. LAMOTTE. Piano, 4 fr. 50 c.; orchestre, net 1 fr.

Bien d'autrui (le), opéra-comique de S. DAVID, par A. LAMOTTE. Piano, 4 fr. 50 c.; orchestre, net 1 fr.

Boîte de Pandore (la), de Henry LITOLFF, par STRAUSS. Piano, 4 fr. 50 c.; orchestre, net 1 fr.

Boîte de Pandore (la), de Henry LITOLFF, par ARBAN. Piano, 4 fr. 50 c.; orchestre, 1 fr.

Carnaval d'un merle blanc (le), sur des motifs de Ch. LECOCQ, par ARBAN. Piano, 4 fr. 50 c.; orchestre, net 1 fr.

Conducteur d'omnibus (le), sur la chanson à grand succès, par O. MÉTRA. Piano, 4 fr. 50 c.; orchestre, net 1 fr.

Ma chanson ou les Enfants de Bacchus! par N. BOUSQUET. Piano, 4 fr. 50 c.

Muses en goguettes (les), par L. C. DÉSORMES. Piano, 4 fr. 50 c.; orchestre, net 1 fr.

Nuit du 15 octobre (la), sur l'opérette de G. JACOBI, par A. LAMOTTE. Piano, 4 fr. 50 c.; orchestre, net 1 fr.

Patrie, sur des motifs du drame de V. SARDOU, par A. VIZENTINI. Piano, 4 fr. 50 c.

Petit Bordeaux (le), par DESGRANGES, Piano, 4 fr. 50 c.; orchestre, net 1 fr.

Quadrille patriotique sur les airs nationaux français, par A. LAMOTTE. Piano, 5 fr.; orchestre, net 1 fr. 50 c.

Rajah de Mysore (le), sur l'opérette de Ch. LECOCQ, par ARBAN. Piano, 4 fr. 50 c.; orchestre, net 1 fr.

Saint-Yvon (la), sur l'opérette de CLAMENTS, par CLAMENTS. Piano, 4 fr. 50 c.

Souhaits ridicules, sur l'opérette de CLAMENTS, par CLAMENTS. Piano, 4 fr. 50 c.

Second mouvement (le), sur des ch[tes] à grand succès, par A. LAMOTTE. Piano, 4 fr. 50 c.; orchestre, net 1 fr.

Tu l'as voulu, sur l'opérette de S. DAVID, par A. LAMOTTE. Piano, 4 fr. 50 c.; orchestre, 1 fr.

PAS REDOUBLÉ.

Le Petit Bordeaux, pour musique militaire, par MAGNIER, prix net 1 fr.

GRAND ABONNEMENT

Aux Partitions Orchestres et Parties, Opéras, Opéras-Comiques, Opérettes, Drames et Vaudevilles.

BUREAU SPÉCIAL POUR COPIER LA MUSIQUE.

2592. Paris, Edouard BLOT et Fils aîné, imprimeurs, rue Bleue, 7.

Tout l'monde peut s' tromper, chansonnette, paroles de A. Isch Wall, musique de Ch. Pourny, chantée par Duhem et A. Ben.

Tout s'use, gaudriole, paroles de Baumaine et Blondelet, musique de G. Chaillier, chantée par Chaillier.

Travail, roi du monde, chanson, paroles de Burion, musique de Robert Planquette, chantée par Bordas.

Trembleur (le), chansonnette à parlé, paroles de P. Mérigot, musique de Raspail, chantée par Arnaud.

Trésor, chansonnette, paroles de Lagardère, musique de Ch. Jacoutot, chantée par Mme Judic.

Trois cents pour un sou, matelotte de calembours, paroles de Baumaine et Blondelet, musique de G. Chaillier, chantée par P. Dabée.

Trois sous la chaîne et la montre, chansonnette, paroles de Baumaine et Blondelet, musique de F. Jouffroy, chantée par Valéri.

Triffouillard le brosseur, chansonnette à parlé, paroles d'A. Isch Wall, musique de F. Barbier, chantée par Duhem.

Tu l'as voulu (ronde tirée de l'opérette), paroles d'E. Abraham et J. Prével, musique de Samuel David, chantée par Mlle Bonelli.

Tyrolien de la rue Coquenard (le), paroles de H. Lamy, musique de G. Chaillier, chanté par Guerrier et Sylvani.

Troupier de Victoire (le), chansonnette, paroles de A. Isch Wall et Burani, musique de Robert Planquette.

Un air favori, chansonnette, paroles et musique de Georges Lefort, chantée par Mme Judic.

Un drôle de pistolet, chansonnette, paroles de Jules de Rieux, musique de Ch. Domergue, chantée par Maria Lagy.

Un fichu nez, infirmité musicale, paroles de E. de Richemont, musique de J. Javelot, chantée par Réval.

Un homme à la mer, chansonnette à parlé, paroles de A. Isch Wall, musique de Ch. Pourny, chantée par Lafourcade.

Uhrich, chanson, paroles de G. Borsig, musique de Ch. Pourny, chantée par Charelli.

Un peu beaucoup, caprice, paroles et musique d'Émile André, chanté par Mme Judic.

Un républicain, chanson, paroles de A. Isch Wall, musique de H. Litolff, chantée par Vialla.

Une déclassée, chansonnette, paroles de A. Isch Wall, musique de Robert Planquette, chantée par Suzanne Lagier.

Une tuile, chansonnette comique, paroles d'E. Durafour, musique de Ch. Hubans, chantée par E. Durafour.

Une retraitée de l'Hippodrome, chansonnette, paroles de E. de Richemont, musique de J. Javelot, chantée par Marguerite Baudin.

Vaincre ou mourir, chansonnette, paroles de Louis Gabillaud, musique de Ludovic Benza, chantée par Mlle Amiati.

Valet de chambre (le), chanson type, paroles de Baumaine et Blondelet, musique de F. Liouville, chantée par Émilie Durand.

Vénus aux poissons (la), chansonnette à parlé, paroles de H. Lefebvre, musique de Robillard, chantée par Viollet et Arnaud.

Vénus du Mozambique (la), chansonnette à parlé, paroles de A. Isch Wall, musique de A. Barbier, chantée par Duhem.

Vélocipédiana, chansonnette, paroles de Denanjanes et Lagardère, musique de J. Javelot, chantée par Bérod et Canon.

Vélocipèdes (les), chansonnette, paroles et musique de J. de Leeuw, chantée par Fernande et Pelligrini.

Vie de garçon (la) (Une fille sans expérience), paroles de Ch. Narrey, musique de A. Lindheim.

Vie de garçon (la) (Eh! bon, bon, bon), paroles de Ch. Narrey, musique de A. Lindheim.

Vieux grand-père (le), chanson, paroles de Duvert, musique de Muller, chantée par Pacra.

Vin de l'an II (le), chanson, paroles de A. Isch Wall, musique de Robert Planquette, chantée par Vialla.

Viv'nt les Parisiens, joyeuseté, paroles de Baumaine et Blondelet, musique de Ch. Pourny, chantée par Maria Lagny (1re édit.) et Émilie Durand (2me édit.).

Vive l'ivresse, romance dramatique, paroles de E. Pierson, musique de F. Chassaigne, chantée par Calvat.

V'lan dans l'œil, chansonnette, paroles de F. Savard, musique de J. Javelot, chantée par Kaiser.

V'là qu'ça mord, chansonnette, paroles de A. Isch Wall, musique de L. C. Desormes, chantée par Lafourcade.

V'là la marchande de cresson, chansonnette, paroles de A. Isch Wall, musique de F. Chassaigne, chantée par Kaïser.

V'là mon genre, chansonnette, paroles de A. Liorat, musique de F. Barbier, chantée par Lafourcade.

V'là le plaisir, chansonnette, paroles de A. Isch Wall, musique de Villebichot, chantée par Marguerite Baudin.

Voilà ce que je n'comprends pas, chansonnette, paroles de A. Isch Wall, musique de Ch. Pourny, chantée par J. Perrin.

Voilà (les), cri de terreur, paroles de R. de Lacroix, musique de H. Cellot, chanté par Gourdon.

Voilà comme on écrit l'histoire, paroles de Baumaine et Blondelet, musique de J. Perrin, chanté par Bruet et Durozel.

Volontaires de 1870 (les), chanson, paroles et musique de Dameron.

Vous qui savez ce qu'il en est, chanson, paroles de L. Houssot, musique de Ch. Lecocq, chantée par Guyon.

Vous d'vinez le reste, chanson, paroles de L. Laroche, musique de G. Chaillier, chantée par Chaillier.

Voyage de M. Grinchard (le), chansonnette à parlé, paroles de Baumaine et Blondelet, musique de L. C. Desormes, chantée par Arnaud.

Vrai bonheur (le), chanson, paroles de L. Laroche, musique d'E. Coard, chantée par Bénézit.

Vrais conseils (les), chansonnette, paroles de A. Isch Wall.

Vraie liberté (la), chansonnette, paroles de Gaston de Ris, musique de Georges Lefort, chantée par Mme Judic.

Y a quéqu'chose à faire là-d'ssus, paroles de Baumaine et Blondelet, musique de G. Chaillier, chanté par J. Perrin.

Y en a point comme moi, chansonnette à parlé, paroles de A. Isch Wall, musique de J. Perrin, chantée par J. Perrin.

Yvonne, chansonnette-valse, paroles de A. Isch Wall, musique d'Antonin Louis, chantée par Mme Judic.

3022 — Paris. Impr. Ed. Blot et Fils aîné, rue Bleue, 7

www.ingramcontent.com/pod-product-compliance
Lightning Source LLC
LaVergne TN
LVHW020251230826
846091LV00006B/2345
9782329407852